THÈSE

POUR

LE DOCTORAT.

Rousseau (E.-N.)

THÈSE

POUR

LE DOCTORAT

UNIVERSITÉ DE FRANCE. — ACADÉMIE DE RENNES.

FACULTÉ DE DROIT.

THÈSE

POUR

LE DOCTORAT.

DES SECONDS MARIAGES.

Cette Thèse sera soutenue le lundi 1er juin 1874, à deux heures du soir,

PAR

M. ROUSSEAU (Émile-Nicolas),

AVOCAT;

Né à Angers (Maine-et-Loire), le 30 janvier 1851.

EXAMINATEURS :

MM. BODIN, doyen; ÉON, DURAND, DE CAQUERAY, professeurs;
GUÉRARD, agrégé chargé de cours.

RENNES,
CH. OBERTHUR ET FILS, IMPRIMEURS DE L'ACADÉMIE.
1874.

MEIS & AMICIS.

INTRODUCTION.

La plupart des législations, tant anciennes que modernes,
autorisent et réglementent les secondes noces ; mais l'esprit
dans lequel les dispositions de chacune d'elles sont conçues
est loin d'être le même. En effet, tandis que les unes favo-
risent les seconds et subséquents mariages, les autres ne
les admettent qu'avec peine et leur opposent de sérieuses
entraves. Cette diversité, du reste, s'explique aisément ;
elle est le résultat inévitable des modifications survenues
dans les mœurs et les idées des différents peuples, des
changements de régimes et de gouvernements, des progrès
de la civilisation. D'un autre côté, il est important de re-
marquer que chaque législateur se place à un point de vue
particulier. Celui-ci, s'inspirant des doctrines philosophiques
les plus pures et les plus élevées, et réprouvant en principe
les secondes unions, édicte à leur égard des prescriptions
sévères, destinées à les rendre aussi rares que possible ;
celui-là, voyant les choses de moins haut, et tenant surtout
compte de l'inconstance et de la fragilité humaines, se
contente de prendre quelques précautions, de prévenir les
abus, qui ne manqueraient pas de se produire s'il se montrait

trop tolérant ; un autre, enfin, obéissant à des considérations diverses, le plus souvent guidé par un intérêt politique et social, prodigue tous ses encouragements aux seconds mariages.

Est-il pourtant impossible, malgré cette variété d'opinions et de systèmes, de dégager une idée générale, une remarque applicable à l'ensemble des législations que nous nous proposons d'étudier? Non, et cette remarque nous la formulerons ainsi : même chez les peuples dont les lois ne sont pas opposées à la célébration des seconds mariages, un sentiment de défaveur assez marqué s'attache aux nouvelles unions. Ce sentiment ne se traduit pas toujours avec la même force, mais il se rencontre à peu près partout; et si parfois il fait défaut à la base de l'œuvre législative, il se révèle bientôt dans une disposition secondaire ou exceptionnelle. Et cela n'a rien qui doive nous étonner : car cette prévention, si généralement répandue contre les secondes noces, est fondée sur la nature même des choses; elle repose sur une juste appréciation de la dignité du mariage, sur le principe admis par tous les moralistes de la perpétuité du lien conjugal. Elle a encore une autre raison d'être. Les seconds mariages peuvent offrir dans la pratique de graves inconvénients. Souvent, en effet, l'époux remarié a des enfants de sa précédente union; n'est-il pas dès lors à craindre que ces enfants ne soient exposés à de nombreuses vexations de la part du nouveau conjoint? N'est-il pas à craindre surtout

que leurs intérêts ne soient sacrifiés à ceux des enfants issus
du second mariage? Car, comme l'a dit le poëte :

Les soupçons importuns
Sont d'un second hymen les fruits les plus communs:
Des droits de ses enfants une mère jalouse
Pardonne rarement au fils d'une autre épouse.

(PHÈDRE, acte II, scène V.)

Aussi verrons-nous plus d'une fois le législateur intro-
duire dans son œuvre des dispositions restrictives du droit
commun et éminemment défavorables aux époux remariés.

Sous le bénéfice de ces observations préliminaires, nous
allons aborder l'étude du droit positif. Le cadre limité de
notre travail ne nous permettant pas d'examiner les législations de tous les temps et de tous les pays, notre attention
portera uniquement sur la législation romaine, sur l'ancien
droit français et sur le Code civil.